AFFAIRE BRUGERRE

DÉLIT DE PRESSE

PLAIDOIRIE DE Me GILLOTTE

Avocat de M. le général de division DESVAUX

PARTIE CIVILE

CONSTANTINE

TYPOGRAPHIE L. ARNOLET, RUE DU PALAIS

1872

AFFAIRE BRUGERRE

DÉLIT DE PRESSE

PLAIDOIRIE DE Me GILLOTTE

Avocat de M. le général de division DESVAUX

PARTIE CIVILE

CONSTANTINE

TYPOGRAPHIE L. ARNOLET, RUE DU PALAIS

1872

AFFAIRE BRUGERRE

DÉLIT DE PRESSE

PLAIDOIRIE DE Me GILLOTTE

Avocat de M. le général de division DESVAUX

PARTIE CIVILE

Moins favorisé que Me POIVRE, défenseur de Me BRUGERRE, je n'ai pu obtenir la reproduction de ma plaidoirie pour le général DESVAUX.

Afin de permettre au public de statuer en connaissance de cause, je crois devoir lui soumettre mes observations sans en modifier ou en altérer la forme.

Ch. GILLOTTE.

AUDIENCE DU 11 JUIN.

MESSIEURS,

Je supposais que les explications si nettes, si précises de M. le général Desvaux me dispenseraient de prendre la parole à cette audience.

Je croyais que vaincu par l'évidence, M. Brugerre ferait amende honorable.

Il n'en est rien, et notre adversaire nous appelle sur un terrain où il est de mon devoir de le suivre.

Est-il nécessaire de reprendre l'article publié par le *Zéramna*, le 25 octobre 1871, sous le titre : UNE PAGE D'HISTOIRE, avec ce sous-titre : TOUTES LES VÉRITÉS SONT BONNES A REPRODUIRE. — *Bis repetita placent?...*

Cet article renferme les imputations les plus calomnieuses, les plus diffamatoires contre le général Desvaux, que l'auteur représente comme un concussionnaire, un voleur, un assassin !

Avec cette perfidie qui n'appartient qu'aux Tartuffe, qu'aux Bazile de l'école moderne, on a groupé les détails de telle sorte que les lecteurs crédules ont dû les accepter sans réserves.

Les lettres des généraux de Martimprey et Périgot, l'affirmation du maréchal de Mac-Mahon, les renseignements donnés par Mme Yusuf, les explications loyales du général Desvaux, sur sa position de fortune, la preuve de son éloignement de l'Algérie au moment où les faits principaux reprochés se seraient produits, tout cela a dû faire une impression profonde sur vos esprits, et vos consciences ont déjà jugé et flétri le calomniateur !

Vainement, M. Brugerre essaierait de se retrancher derrière l'exception de bonne foi.

Qu'est-ce donc que la bonne foi ?

C'est la loyauté, la franchise, la conviction exprimée.

Or, M. Brugerre lui-même vous l'a dit : sa publication n'a été faite que pour mettre un obstacle à la réalisation du prétendu projet de placer M. le général Desvaux à la tête du gouvernement général algérien ; pour arriver à ses fins, le diffamateur accumule mensonges sur mensonges, et il le fait avec la conscience de sa faute.

M. Brugerre ose soutenir que l'article publié par le *Messager de New-Yorck* a été reproduit par plusieurs journaux de France et par la plupart des journaux algériens, vers la fin de 1865 et au commencement de l'année 1866.

Le silence gardé par le général Desvaux, depuis 1865 jusqu'à 1871, justifierait jusqu'à un certain point la publication faite par le *Zéramna,* alors qu'il était question d'appeler à gouverner l'Algérie un homme qui personnifie l'administration militaire!.....

Nous mettons M. Brugerre au défi de prouver qu'un seul journal, publié, soit en France, soit en Algérie, ait reproduit l'article du *Messager de New-Yorck.*

Ce journal, qui porte la date du 25 novembre, n'est parvenu en France que dans le courant de décembre 1865, et dès les premiers jours de 1866, le maréchal de Mac-Mahon faisait insérer dans le *Moniteur* la rectification qui était reproduite par les journaux qui n'avaient point inséré l'écrit diffamatoire.

Mieux que tous autres, M. Brugerre sait comment nous avons eu connaissance, dans la province de Constantine, de l'article qu'un journal étranger seul pouvait accueillir; l'article dont il s'agit a été fait à Constantine; son infâme auteur l'a fait copier à la main et l'a répandu à profusion.

Je pourrais en présenter au Jury, un certain nombre d'exemplaires.

Sans doute, M. Brugerre s'est procuré un de ces manuscrits qui, lancés avant la publication dans le journal, ne portaient aucune date.

C'est dans la rectification faite par le maréchal de Mac-

Mahon que notre adversaire a trouvé la date du 24 novembre, indiquée dans sa reproduction.

Or, M. Brugerre n'a point remarqué que le *Moniteur officiel,* reproduisant la lettre du Maréchal, constate que c'est par erreur qu'il a donné la date du 24 novembre, alors que le journal a paru le 25.

N'est-ce pas là, Messieurs, un hasard providentiel qui permet de reconnaître la mauvaise foi du rédacteur du *Zéramna.*

C'est en ayant sous les yeux le démenti énergique donné par l'illustre Maréchal au *Courrier de New-Yorck,* qu'il reproduit ce misérable article. Au surplus, M. Brugerre a suivi tous les incidents d'un procès soutenu contre le *Courrier de l'Algérie,* qui avait cru devoir éditer certaines des calomnies contenues dans le journal américain.

Il sait que les rédacteurs de ce journal, reconnaissant leur erreur, ont fait d'honorables excuses au général Desvaux; il a connu le jugement rendu par le Tribunal d'Alger, puisqu'il l'a reproduit dans le *Zéramna.*

Rien ne peut donc sinon justifier, du moins atténuer la portée de son acte félon et déloyal.

M. Brugerre a mis à la disposition de ses mauvaises passions, des mauvaises passions de ses amis, la presse qu'il dirige.

Il a méconnu ses devoirs professionnels! Cependant, Messieurs, quel rôle magnifique a la presse !

Faire connaître à tous les points du territoire la situation vraie du pays; éclairer les citoyens sur leurs droits et leurs devoirs; protester contre les actes honteux ou coupables; assurer la grandeur du peuple au dehors, sa prospérité au dedans, le progrès des esprits, l'amélioration morale de toutes les classes de la société, l'amélioration matérielle de celles qui souffrent ou qui sont indignement trompées; voilà le rôle de la presse.

Maintenant, voyons ce que doit être le journaliste ! Le journaliste doit être profondément honnête, laborieux, modeste.

Modèste parce qu'il sait qu'après avoir écrit plus de cent volumes, il ne restera pas une page qui portera son nom; il sait que sa feuille éphémère ne tardera pas à rouler dans le torrent au fond duquel tourbilloune le gouffre de l'oubli. Ses passions individuelles, ses préférences de coterie, ce sentiment si naturel qui nous fait mettre en relief l'objet de nos affections, tout cela doit être subordonné à l'ordre public, à l'intérêt social.

Pour moi, le véritable journaliste doit avoir constamment à ses côtés ces guides éternels qu'on appelle la logique, le bon sens, l'honneur et la vérité.

Qu'en s'interrogeant chaque jour, à chaque heure, il se fortifie dans la pensée qu'il est sur la voie du vrai, du beau et du bien; sa discussion alors, si elle s'égare quelquefois dans les détails, conservera toujours ce parfum d'honnêteté et de sincérité qui est le propre de ses croyances.

Je n'ai pas l'honneur de vous connaître, M. Brugerre; mais puisque vous vous êtes voué à l'apostolat du journalisme, vous avez dû envisager de près, pour les remplir dignement, tous les devoirs qui vous incombent.

Vous professez les grands principes, vous devez les respecter tous.

Vous prêchez toutes les vertus, vous devez les pratiquer toutes.

Cela est difficile, je le sais !

Croyez-vous, Monsieur, malgré l'austérité de vos mœurs,

malgré les sacrifices que vous avez faits, que vous êtes prêt encore à faire à notre patrie, à notre pauvre pays écrasé, pantelant, qui ne se relèvera fier et superbe qu'au jour de la réconciliation : croyez-vous que dans l'ardeur de vos luttes vous n'ayiez froissé personne ? Quiconque a senti la pointe aiguë de vos critiques, a pu vous maudire ; mais que penseriez-vous de celui qui, sous le prétexte que vous ne partagez pas ses opinions politiques, vous qualifierait de voleur, d'assassin et dirait que vous avez mérité le bagne, une fois au moins.

Ah ! votre susceptibilité justement irritée demanderait à la justice la réparation qni lui serait due !

Le journalisme est un instrument admirable ; c'est l'intervention active et permanente du pays dans ses propres affaires.

Il n'y a pas d'État libre sans la liberté de la presse, et Siéyès s'écriait avec raison, il y a soixante-quinze ans : « La « liberté de la presse est un sixième sens donné aux « peuples modernes. »

La même idée inspirait à Canning ces paroles : « Qu'on « nous retire toutes les libertés, j'y pourrai consentir si « on nous laisse la liberté de la presse ; avec celle-là, « j'aurai bientôt reconquis toutes les autres. »

Qu'est-ce donc que la liberté de la presse ?

Où commence-t-elle ? Où finit-elle ?

Elle commence dans la conscience de l'homme ; elle est la réalisation de ses droits, l'accomplissement de ses devoirs.

Elle s'arrête à la licence, à la calomnie, à l'attaque personnelle !

La liberté de la presse doit-elle être illimitée ? Évidemment, non !

Que mon confrère me pardonne de ne remonter ni au déluge, ni à Marcus Priscus, ce général romain comparaissant devant le Sénat sous l'assistance de Libéralis; s'il le veut bien, nous nous arrêterons à cette époque où en France, il y avait des républicains sincères et convaincus; à l'époque où ces républicains, aidant le peuple à conquérir ses franchises et sa liberté, se mettaient à sa tête et mouraient pour lui, martyrs de leur foi politique.

Ces temps-là sont loin de nous, et ceux qui, aujourd'hui, mettent le peuple en ébullition, passent tranquillement la frontière et vivent en paix, pendant que les malheureux égarés et trompés paient, sur les pontons et à Cayenne, les frais de l'ambition effrénée des déclassés qui les ont perdus.

Écoutons ce que disait le conventionnel Louvet, au Conseil des Cinq-Cents, dans la séance du 22 ventôse an IV :

« Représentants du peuple, il faut le dire : à travers les « orages et dans le grand travail de cette révolution, au « sein même des destructions si fécondes, des débris de « toutes les aristocraties successivement écrasées, une « aristocratie nouvelle s'est composée, s'élève et se fortifie.

« Les privilèges de liberté et d'impunité absolue qu'a- « vaient les deux *ordres* oppresseurs, cette caste nouvelle « les a revendiqués ; les journalistes sont devenus à la « fois nos prêtres et nos nobles ; comme les premiers, di- « rigeant en maîtres l'opinion qu'ils dépravent ; comme « les seconds, menaçant de renverser le gouvernement qui « ne tolérera pas leurs usurpations. D'abord, ils se sont « cru tout permis ; maintenant ils en sont venus au point « de soutenir que le premier devoir de l'autorité était « éternellement de tout leur permettre......

« Représentants du peuple, quoi que vous disent les « partisans de la licence, souvenez-vous de ceci : la liberté « *sans limites* a fait infiniment de mal et n'a fait aucun « bien !......

« La liberté *sans limites!* oubliez-vous qui, le premier, « la proclama avec audace, s'en empara avec impudeur, « la réduisit en maxime et la mit en pratique.....

« La liberté *sans limites !* elle a frappé votre malheu- « reux pays de plus de fléaux !.....

« Mais je n'aurai que trop de sujets de vous la retracer.

« Représentants, il n'y a point de liberté illimitée dans « la nature ; dans le corps social, la liberté sans limites « c'est la licence.

« Au reste, je ne suis point du tout étonné que les « journalistes soient, en général, très-amoureux de ces « petites libertés ; c'est pour leur profession un privilége ; « c'est, pour leur personne, l'inviolabilité. Mais j'avoue « que je doute fort qu'une République naissante puisse « résister six mois aux efforts de cinquante inviolables « de cette espèce, et l'étranger serait bien malhabile si, « avec ses trésors, il ne parvenait pas à en acheter une « cinquantaine dans cette tourbe où le plus grand nombre « est toujours prêt à se vendre.

« En vérité, ces gens-là doivent nous admirer ; nous « leur laissons faire paisiblement le plus agréable métier « du monde, mais aussi le plus extraordinaire dans un « État libre. Le peuple ne les connaît pas et ils se cons- « tituent les magistrats du peuple. Magistrats ! C'est une « magistrature qu'ils exercent, l'une des plus importantes « et qui a le plus d'influence sur la chose publique. Au « moins, le Directoire peut destituer un administrateur « infidèle ; ceux-ci, quoique le peuple ne les ait pas

« nommés, ne peuvent être destitués par personne ; ils « n'ont charge d'aucun devoir et ils ont le bénéfice de « l'irresponsabilité.

« En vérité, si j'étais chouan, je ne serais pas assez « dépourvu de bon sens pour aller, en tirant sur vos sol- « dats, m'exposer à tâter leurs baïonnettes ; je viendrais « vite à Paris, vite je taillerais ma plume ; je me dirais « l'ami, le défenseur, le gardien de la constitution; je « distillerais les poisons de la calomnie ; je m'attacherais « à toutes les vertus pour les dénier, à toutes les auto- « rités pour les avilir ; je calomnierais tous vos actes, je « traînerais le gouvernement dans le mépris; je vous « ferais cent fois plus de mal que Charette, et, grâce à « mes libertés *sans* limites, je le ferais impunément. »

Pardonnez-moi, Messieurs, la longueur de cette citation ; je n'ai pu résister au désir de remettre sous vos yeux quelques passages d'un discours qui date de l'an IV et qui semble fait d'hier.

En 1830, Armand Carrel, en 1848, Armand Marast, de vrais républicains ceux-là ! tout en réclamant la liberté de la presse, en flétrissaient les écarts et soutenaient que la calomnie, la diffamation, ne devaient être tolérées dans aucun temps, sous aucune forme de gouvernement.

Aux États-Unis d'Amérique, quatre grandes libertés sont proclamées :

La liberté des églises;

La liberté de la presse ;

Le droit de réunion ;

Le droit de pétition.

Croyez-vous que ces libertés s'exercent sans limites?

Croyez-vous, Messieurs, que, sous prétexte qu'il ne

professe pas le culte exercé dans telle église, un citoyen puisse, dans cette église, commettre une profanation?

Croyez-vous que, parce que les réunions sont libres, chacun a le droit d'en troubler l'ordre?

Pensez-vous qu'il soit permis, dans l'exercice du droit de pétition, de s'écarter du devoir et des convenances?

Pensez-vous, enfin, qu'en raison de la liberté de la presse, on puisse diffamer ou calomnier les citoyens?

Ce serait là autant d'erreurs!

Ouvrez Laboulaye, le populaire conférencier, vous y lirez ceci : « La licence de la presse n'est pas la liberté « de la presse : c'est, au contraire, le privilége de l'in- « jure et de la calomnie; c'est un ferment de discorde et, « à coup sûr, un délit... L'excès n'est pas la liberté..... « Mais où trouver le point de partage entre l'usage et « l'abus? Ce point, on l'a cherché bien loin, il est près « de nous; c'est la responsabilité. Otez la responsabilité, « la liberté est pour chacun le droit de tout faire suivant « son caprice; c'est la définition même de la tyrannie. La « seule différence qui existe entre la tyrannie et la liberté, « c'est que la tyrannie n'est pas responsable et que la « liberté entraîne la responsabilité. »

Ainsi nous voilà bien fixés!

La liberté de la presse a ses limites, et ces limites sont la responsabilité personnelle et le respect de chacun.

Si M. Brugerre avait critiqué le général Desvaux, au point de vue de son administration, de ses actes publics, de ses principes, de ses agissements comme fonctionnaire, personne n'aurait porté plainte.

Mais que, dans un but de dénigrement, il se soit permis d'essayer de salir du venin de ses calomnies, une vie honorable et justement honorée; voilà ce qu'il est impossible d'admettre!

Si le système présenté par M. Brugerre était accepté par vous, où irions-nous, Messieurs? Quel sort nous serait réservé?

Hier, le rédacteur du *Zéramna* a calomnié, diffamé le général Desvaux; demain, c'est vous, ce sont vos mères, vos femmes, vos filles qu'il insultera.

Sera-t-il jamais permis au premier venu de flétrir ce que l'homme a de plus cher au monde, son honneur, et de lui faire perdre le bénéfice du devoir accompli et d'une vie bien remplie....

— Hier, ce matin encore, des bourdonnements arrivaient jusqu'à moi : « Il s'agit d'un procès politique, disait-on, le Jury acquittera Brugerre.....

— Un procès politique, allons donc! Il s'agit tout simplement de savoir si le rédacteur du *Zéramna* a fait la preuve des faits diffamatoires qu'il a attribués au général Desvaux.

Nous sommes à une époque malheureuse, où les grandes lignes de la morale, de la famille, de la religion, s'effacent, et cependant ma confiance n'a pas été ébranlée; elle est devenue plus grande encore, lorsque je vous ai entendus, tout à l'heure, jurer, « devant Dieu et devant « les hommes, de n'écouter ni la haine, ni la méchan- « ceté, ni la crainte ou l'affection; de vous décider, d'a- « près les charges et les moyens de défense, suivant votre « conscience et votre intime conviction, avec l'impartialité « et la fermeté qui conviennent à un homme probe et « libre. »

Vous êtes honnêtes, vous voulez être libres, appliquez donc la loi, qui est le *palladium* de nos libertés.

Dans un instant, vous prononcerez votre verdict, nous l'accueillerons avec un respect profond.

A l'audience du 12, Me GILLOTTE répond en ces termes à Me POIVRE :

MESSIEURS,

Dans un éloquent exorde, mon contradicteur vous a dit qu'hier il avait débroussaillé le champ aride du débat; il m'appartient de le féconder en y déposant la semence de la justice.

Tout d'abord, je dois protester contre la fausse interprétation donnée à mes paroles; depuis trente ans j'habite l'Algérie; j'aime cette patrie nouvelle, où sont nés mes enfants, de l'amour le plus pur, le plus sincère. Qui donc, en ces tristes jours, oserait parler de représailles ? Ceux-là seuls qu'une ambition effrénée dévore, ceux-là seuls qui veulent se faire un piédestal des ruines amoncelées, en auraient l'affreux courage ! Pour moi, je cherche dans tous les plis de mon cœur, je n'y trouve que le pardon et l'oubli des injures !

Chaque jour, je déplore la tendance fatale que nous avons à rapetisser toutes les questions et à les faire dégénérer en discussions personnelles; il me semble que nous devrions, dans un effort de volonté suprême, effacer toutes les traces de nos rancunes particulières, nous tendre des mains amies et réunir nos forces pour arriver au but que nous devons nous proposer uniquement : la prospérité de notre pays d'adoption. Le débat actuel doit être circoncrit dans ses limites naturelles,

L'article publié le 25 octobre 1871, par le *Zéramna,* est-il diffamatoire ?

M. Brugerre a-t-il fait la preuve des faits articulés contre le général Desvaux ?

Sinon, peut-il exciper de sa bonne foi?

L'article est calomnieux et diffamatoire au premier chef, et M. Brugerre n'a fait aucune preuve. Bien mieux, il a reconnu qu'une partie du récit fantaisiste, par lui reproduit, ne pouvait s'appliquer à M. Desvaux, puisque celui-ci était en France au moment où les faits allégués se seraient passés.

M. Brugerre était-il de bonne foi au moment où il a réédité l'article du *Messager de New-Yorck ?* Tout est là.

Nous ne reviendrons pas sur l'argumentation que nous avons eu l'honneur de vous soumettre; nous nous bornerons à faire remarquer que M. Brugerre cherche inutilement à rejeter sur une erreur typographique la date du 24 novembre donnée par lui à un article qui n'a paru que le 25, et nous signalons à votre attention la bizarre coïncidence qui existe entre l'erreur typographique du *Zéramna* et l'erreur contenue dans la rectification faite par le maréchal de Mac-Mahon.

Nous en tirerons cette conséquence, au moins très-vraisemblable, que M. Brugerre n'a connu la date du journal américain que par l'article rectificatif de l'illustre maréchal, ce qui implique l'idée qu'il connaîssait la fausseté de l'accusation au moment où il la reproduisait.

Nous avons porté au rédacteur du *Zéramna* le défi de justifier qu'aucun journal de France ou d'Algérie eût publié l'article qui a donné lieu au procès. Nous pensions que, dans l'intervalle qui a séparé les deux audiences, M. Brugerre se procurerait facilement la jnstification de ses allégations. Que rapporte-t-il ? deux dépêches; l'une du rédacteur de l'*Écho d'Oran*, l'autre du journal le *Tell*.

Le premier affirme que l'article a été publié, l'autre déclare qu'il n'a paru dans aucun journal de la colonie.

Des citoyens honorables auraient annoncé à mon confrère qu'ils avaient lu l'article diffamatoire dans le *Mémorial d'Aix* et dans le *Journal de Cherbourg*.

Devons-nous tenir pour vraies ces affirmations intéressées ? Comment admettrez-vous que sous l'empire, de pareils écrits aient été publiés sans motiver d'immédiates poursuites ?

Et puis, en admettant que l'*Écho d'Oran*, le *Mémorial d'Aix* et le *Journal de Cherbourg* eussent osé faire la publication incriminée, en tireriez-vous la conséquence que le général Desvaux les a eus sous les yeux et que, par le silence gardé, il a justifié la reproduction ! La plupart des journaux de l'Algérie ont inséré la lettre du maréchal de Mac-Mahon, et voici comment, à cet égard, s'explique une feuille qu'on ne taxera pas de partialité en faveur de M. Desvaux.

Courrier de l'Algérie, 8 avril 1866 :

« Le *Courrier* n'a jamais fait la moindre allusion aux « bruits qui auraient couru sur la cause du départ subit « du général Desvaux, bruits accrédités par une lettre « accueillie dans un journal de New-Yorck, le *Messager* « *Franco-Américain*. Ce journal est obligé de les désa- « vouer et de publier un démenti énergique du maréchal « de Mac-Mahon. Si nous ne devons aucune réparation à « la considération de l'honorable général, ancien sous- « gouverneur de l'Algérie, nous ne nous ferons pas moins « un plaisir de concourir à répandre les termes de celle « dont nous venons de parler, et de joindre notre voix à

« toutes les voix honnêtes qui savent rendre justice à « l'homme d'honneur, quel que soit le système appliqué « par lui à la colonie. »

Suit la lettre du Maréchal.

Ainsi donc, il est bien entendu que la rectification insérée par les journaux algériens n'implique pas la preuve de la publication de l'article rectifié.

M. Brugerre n'a donc pas justifié sa première proposition, et il a, suivant nous, le mauvais goût de prétendre que les lettres significatives de MM. de Martimprey, Périgot, de Mme Yusuf, pourraient bien être des certificats de complaisance délivrés dans un intérêt commun. Il essaie de le démontrer en établissant que l'article est du mois d'octobre 1871, et que les lettres produites sont du commencement de 1872 !

Ce raisonnement est singulier !

Il est bien évident qu'à peine de constater qu'il avait connaissance de l'article avant la publication du 25 octobre 1871, M. le général Desvaux ne pouvait solliciter le témoignage de ceux dont les noms étaient cités à une époque antérieure à cette date.... Les lettres produites, du reste, ne font que confirmer la déclaration du maréchal de Mac-Mahon publiée par le *Moniteur officiel,* dès le mois de février 1866, et l'honorabilité des signataires les met à l'abri des attaques injustes dont ils sont l'objet.

Comprenant bien que la cause de Brugerre ne saurait inspirer aucun intérêt, sentant le terrain manquer sous ses pas, mon adversaire fait un appel aux passions politiques ; il vous a longuement entretenu de l'organisation de ces bureaux arabes qui, dit-il, ont fait tant de mal au pays. En acquittant Brugerre, vous condamnerez cette institution dont on ne peut parler sans trembler... Il évoque le souvenir du procès fait par le général Wolf aux journaux d'Alger, et, se fondant sur l'arrêt du 25 novembre 1871, il demande l'acquittement de Drugerre.

Est-il nécessaire de vous faire remarquer, Messieurs, qu'il n'existe pas la moindre analogie entre le procès suivi par le général Wolf et l'action dirigée par M. le général Desvaux contre le rédacteur du *Zéramna?*

En effet, plusieurs journaux d'Alger, le *Moniteur de l'Algérie,* le *Tell,* l'*Akhbar* et l'*Algérie française,* avaient reproduit une lettre, publiée le 14 septembre 1871, par le journal anglais *Evening-Standard,* dans laquelle les bureaux arabes étaient représentés comme maintenant une influence pernicieuse, au moyen d'un système de vol organisé et au moyen des insurrections qu'ils amènent habilement.

Le général de division Wolf, chargé de l'expédition des affaires militaires de la colonie, avait porté plainte à raison des articulations calomnieuses et diffamatoires que cet article renfermait envers les officiers de l'armée, et avait demandé qu'il y fut donné suite.

Or, le général Wolf n'avait pas été nommé dans les articles publiés; sa personnalité n'avait subi aucune atteinte, et volontairement, d'une façon par trop chevaleresque, il s'était fait le champion d'une cause perdue!

Les rédacteurs ont été acquittés. — Ils s'étaient maintenus dans l'exercice de leurs droits, dans l'accomplissement de leur devoir, et chacun a applaudi à une solution qui était la consécration du grand principe de la liberté de la presse.

Qne pour être agréable à une certaine partie de l'auditoire, on fasse le procès des bureaux arabes, pour mon compte, je n'y vois pas grand inconvénient; mais il faudra bien qu'on rentre au cœur de la question.

Le sieur Brugerre aura-t-il le bénéfice de l'impunité, alors qu'il a tenté de flétrir l'honneur du général Desvaux et qu'il est impuissant à justifier ses calomnies?

Le Jury constitué représente la société. Je vois parmi vous des administrateurs, des fonctionnaires, des commerçants.

Que ferait l'administrateur, si, après avoir consacré son temps, ses soins, ses aptitudes, au bien public, il était accusé, par un journaliste, d'avoir fait argent de tout, en vendant les places, en spéculant sur le dépôt confié à sa probité?

Que dirait le fonctionnaire dont les cheveux ont blanchi au service de l'État, si, à l'heure de la retraite, il lisait un article portant à la connaissance du public que sa vie n'a été qu'une longue suite d'exactions?

Que ferait le commerçant, si un journaliste, ami d'un concurrent déloyal, reproduisait le bruit que sa carrière, si laborieusement fournie, est couronnée par la faillite et la banqueroute?

Demandez-vous, Messieurs, ce que, le cas échéant, vous feriez, si vous vous trouviez dans la situation où M. Brugerre a placé le général Desvaux, et..... statuez!

Répondant encore à Me Poivre, Me Gillotte s'écrie avec vivacité :

« Qui veut la fin veut les moyens! »

Telle est la devise de nos adversaires.

Laissons aux congrégations, quels que soient leur nuance et leur but, le triste privilége de travestir la vérité et de la rendre méconnaissable....

A plusieurs reprises, on a employé le mot de capitulation. Dans quel but?

Assurément, pour exercer une influence fâcheuse sur vos esprits.

Qui donc a capitulé?

Le général Desvaux?..... Je proteste contre cette insinuation qui ne tend à rien moins qu'à dénaturer l'histoire.

Je laisse pour ce qu'il vaut, le récit de cet homme qui a abandonné la croix pour secouer la torche de la discorde sur notre malheureux pays (1).

Dût votre modestie en souffrir, Général, laissez-moi dire ici, qu'au moment où un traité honteux était proposé pour appeler l'Impératrice à relever le trône du Deux-Décembre et employer l'armée *à rétablir l'ordre,* deux hommes seulement firent une résistance énergique! Ces deux hommes étaient le général Coffinière, gouverneur de Metz, et le général Desvaux, commandant en chef la garde impériale!

Le 26 octobre au matin, lorsqu'on agita au Conseil présidé par Bazaine la question de mettre bas les armes, un seul homme protesta, rappela les résolutions antérieures et demanda à sauver l'honneur par un dernier effort.

Cet homme, Messieurs, c'était le général Desvaux, qui voulait mourir à l'ombre du drapeau national!

Au père Marchal, j'oppose un républicain de la veille, j'oppose Eugène Ténot, l'important auteur de l'*Histoire du Coup d'État du Deux-Décembre* et des *Campagnes de l'Empire déchu!*

(1) L'abbé Marchal.

www.ingramcontent.com/pod-product-compliance
Lightning Source LLC
LaVergne TN
LVHW010015230826
846092LV00002B/830

* 9 7 8 2 0 1 9 2 3 1 8 3 5 *